FREUNDINNEN
KOMMEN

und gehen,

SCHWESTERN

bleiben

HALLO LIEBLINGSSCHWESTER,

Kindheit, Familie und Erinnerungen
verbinden uns – doch erst das Leben hat
uns zu Freundinnen gemacht.
Und auch wenn wir nicht immer
ein Herz und eine Seele sind, wenn es
darauf ankommt, können wir uns
voll und ganz aufeinander verlassen.
Wir stehen zusammen,
was immer auch kommen mag:
ich weiß, dass wir immer füreinander
da sein werden.

Danke,
DASS ES DICH GIBT!

WENN ICH MIR

DIE BESTE SCHWESTER
DER WELT

AUSSUCHEN DÜRFTE,

DANN WÜRDE ICH

nur dich

WOLLEN.

Wenn Schwestern Seite an Seite stehen, wer hat eine Chance gegen uns?

PAM BROWN

GESCHWISTER

sind Menschen,
die dir immer
nahe sind,

auch wenn
sie nicht in deiner
Nähe sind.

*Einander in
seiner individuellen Art
annehmen,
hinter die Worte sehen,
mit dem Herzen
fühlen.*

GUDRUN KROPP

NUR WO ES KEINE MEINUNGEN GIBT, GIBT ES AUCH KEINE MEINUNGS-VERSCHIEDENHEITEN.

FRIDA INGEBORG ROMAY

Dem anderen
sein Anderssein
zu verzeihen,
das ist der Anfang
der Weisheit.

AUS CHINA

Die Beziehung zwischen Schwestern
ist wahrscheinlich die
am stärksten von Konkurrenz geprägte
Beziehung innerhalb der Familie.
Aber sind die Schwestern erwachsen,
wird es die

STÄRKSTE BINDUNG

überhaupt.

MARGARET MEAD

FAMILIEN SIND FESTUNGEN MIT VIELEN FENSTERN UND TÜREN ZUR AUßENWELT.

UNBEKANNT

Damit sich
unser Leben entfalten kann,
damit wir vollständig werden,
brauchen wir Menschen,
die uns ergänzen –
mutig, kraftvoll und
mit einem

Herz aus Gold.

ANGELIKA EMMERT

Manchmal
ist Schwesternzeit

DIE BESTE THERAPIE.

Die Menschen,
denen wir eine Stütze
sind, die geben
uns den Halt
im Leben.

MARIE VON EBNER-ESCHENBACH

AN MENSCHEN, DIE FEST ZU UNS HALTEN, SOLLTEN WIR UNBEDINGT *festhalten.*

ERNST FERSTL

Eine Schwester ist eine

FREUNDIN,

die man nicht suchen muss.

INNIGE VERBUNDENHEIT KENNT KEINE ENTFERNUNG.

FRIEDERIKE WEICHSELBAUMER

Jeder Mensch braucht dann und wann eine Schulter *zum Anlehnen.*

OTTILIA MAAG

Eine Schwester
ist sowohl dein Spiegel –
als auch
DEIN GEGENSTÜCK.

ELIZABETH FISHEL

Das ist es,
was Menschen tun,

die dich lieben.

Sie legen ihre Arme um dich und
lieben dich, wenn du nicht
so liebenswert bist.

DEB CALETTI

*Es
gibt sie,
die Menschen,
in denen wir
unsere
eigene Seele
wiederfinden.*

ROSWITHA BLOCH

Wenn die **FAMILIE**
beisammen ist, ist die Seele
an ihrem Platz.

AUS RUSSLAND

Es gibt
niemanden
auf der Welt,
der mich besser kennt
als meine Schwester.

TIA MOWRY

EINE SCHWESTER
KENNT NICHT NUR ALLE
DEINE GESCHICHTEN –

SIE HAT AUCH VIELE DAVON

MIT DIR ZUSAMMEN

ERLEBT.

GEMEINSAME ZEIT IST WIE GEMEINSAMES GLÜCK.

KIRSTEN SCHWERT

Die glücklichsten
Momente unserer
gemeinsamen Zeit
finden wir
im Herzen wieder.
Als unvergessliche
Erinnerung.

IRMGARD ERATH

ENGEL EXISTIEREN!

Aber sie haben normalerweise keine Flügel.
Man nennt sie

„SCHWESTER".

Eine Schwester hilft dir,
die wichtigsten Dinge
im Leben wiederzufinden,
wenn du sie verloren hast:

Dein Lächeln,
deine Hoffnung und
deinen Mut.

Du und ich:
Wir sind eins.
Ich kann dir nicht wehtun
ohne mich zu verletzen.

MAHATMA GANDHI

ALLES VERSTEHEN HEIßT ALLES VERZEIHEN.

GEORGE SAND

EINE SCHWESTER IST DIE ANDERE HÄLFTE DEINER SEELE.

MAN BRAUCHT
NICHT VIELE MENSCHEN
IM LEBEN.
NUR DIE WENIGEN
RICHTIGEN,
DIE EINEN GENAU SO
NEHMEN,
WIE MAN IST.

*Eine
Schwester
ist
ein Stück
Kindheit,
das
für immer
bleibt.*

UNBEKANNT

HEIMAT,

das ist Erinnerung,
die man mit anderen teilt.

ELMAR SCHENKEL

**Schwestern
sind dafür da,
Lachen zu teilen
und Tränen
abzuwischen.**

MAN
MUSS
SICH
AUF
ETWAS
VERLASSEN
KÖNNEN,
VON
DEM MAN
NICHT
VERLASSEN
WIRD.

LAOZI

Jeder braucht
einen sicheren Hafen, in dem
er sich ab und zu von den
Stürmen des Alltags
erholen kann.

KURT HABERSTICH

Ich kenne kaum ein größeres Glück, als mich mit jemandem, den ich liebe, über etwas herzlich freuen zu können.

SONJA RECKNAGEL

GEBORGENHEIT
IST WIE EIN MANTEL
AUS MENSCHLICHER
WÄRME.

ELSE PANNEK

Zwei Säulen aus Fürsorge und Toleranz,
auf das Fundament der Liebe gebaut,
trotzen den stärksten Stürmen

des Lebens.

BARBARA NEUMANN

EINE
SCHWESTER
ZU HABEN BEDEUTET,
DASS MAN IMMER
RÜCKENDECKUNG
HAT.

ALLES, WAS UNSERE SEELE BEREICHERT, *bleibt.*

ROSWITHA BLOCH

WIR
SIND ES,
DIE SCHÖNEN
AUGENBLICKEN
DAUER
VERLEIHEN –
INDEM
WIR UNS
AN SIE
ERINNERN.

YVONNE MÖLLEKEN

Einen Platz zu haben,
wo man hingehört,
ist ein Zuhause.
Menschen zu haben,
die man liebt,
ist eine Familie.

BEIDES zu haben,
ist ein Segen!

WILLY MEURER

Die schönsten
gemeinsamen Momente
haben wir nicht auf Fotos,

**SONDERN
IM KOPF UND IM
HERZEN.**

Eine Schwester ist der einzige Mensch, der es schafft, einen gleichzeitig zu nerven und zu lieben.

UNBEKANNT

Geschwister
SIND WIE INDIANER:
ENTWEDER SIE SIND AUF
DEM KRIEGSPFAD,
ODER SIE RAUCHEN DIE
FRIEDENSPFEIFE.

KURT TUCHOLSKY

ICH VERTRAUE DIR,

denn du bist der Mensch,
der hinter meinem
Lächeln die Trauer
sieht und hinter meinem
Ärger die Liebe.
Du nimmst mich so,
wie ich bin,
nicht so, wie du mich
gerne hättest.

WORTE, DIE VON HERZEN KOMMEN, KOMMEN, GEHEN ZU HERZEN.

GUDRUN KROPP

Wenn ich mit
meiner Schwester rede,
so erfahre ich,
was ich vielleicht durch
stundenlanges Brüten
nicht herausgebracht
haben würde.

HEINRICH VON KLEIST

DIE
SCHÖNSTEN
ERINNERUNGEN
SIND DIE, DIE EINEM
BEIM ZURÜCKDENKEN
EIN LÄCHELN INS
GESICHT
zaubern.

SCHWESTER
und
FREUNDIN.

Zwei Worte,
die das Gleiche bedeuten.

*Schwestern teilen
Kindheitserinnerungen
und erwachsene
Träume.*

UNBEKANNT

Wenn ich
allein träume,
ist es nur
ein Traum.

Wenn wir
gemeinsam träumen,
ist es der Anfang
der Wirklichkeit.

AUS BRASILIEN

Unsere Wege mögen sich
im Laufe des Lebens ändern,
aber unsere Verbindung als
Schwestern wird

immer stark bleiben.

UNBEKANNT

ALLE FRAUEN
IN MEINER FAMILIE SIND
SEHR STARK.

SARAH PAXTON

*Wann eine Frau
sexy ist?*

*Wenn sie
selbstbewusst ist
und an sich
glaubt.*

KIM CATTRALL

WER
BRAUCHT SCHON
EINE SUPERHELDIN,
WENN ER
EINE SCHWESTER
HAT?

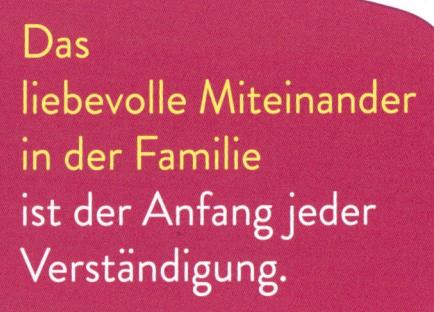

Das
liebevolle Miteinander
in der Familie
ist der Anfang jeder
Verständigung.

ANGELIKA EMMERT

Auch
bei größtem Sturm ist
unsere Familie
als Fels in der Brandung
stets *für uns* da.

ELFRIEDE ENGEL

Mädchen werden
deine Freunde sein –
sie werden sich
so verhalten.
Aber denk einfach
daran, einige kommen,
andere gehen.

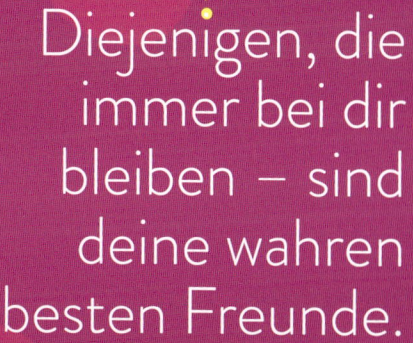

Diejenigen, die immer bei dir bleiben — sind deine wahren besten Freunde.

MARILYN MONROE

Wozu ein Mann?
Ich habe drei Hunde,
zwei Pferde und
fünf Schwestern.

GISELE BÜNDCHEN

DAS
GRÖSSTE
GESCHENK
IST
DIE LIEBE
DERER,
DIE
wir lieben.

ERNST FERSTL

ALS ICH AUFWUCHS,
WAR EINER MEINER
STÄRKSTEN VERBÜNDETEN
MEINE SCHWESTER.

PATTI SMITH

EINE
SCHWESTER
KENNT
DEINE
VERGANGENHEIT
UND
GLAUBT AN
DEINE
ZUKUNFT.

DIE EINZIGE PERSON,

um die ich mir Sorgen mache,

für die ich ein guter Mensch sein möchte,

für die ich mich verantwortlich fühle,

IST MEINE SCHWESTER.

BRITNEY SPEARS

Eine Schwester
ist wie ein Sicherheitsnetz
in einer
unsicheren Welt.
Du weißt,
sie fängt dich auf,
egal, was passiert.

Geschwister

sind die einzigen Menschen
in deinem Leben,
denen es Spaß macht,
dich zu ärgern –
aber die jeden bestrafen,
der versucht,
das gleiche zu tun.

Jemanden lieben heißt, glücklich sein, ihn zu sehen.

HENRI DUVERNOIS

WIR HABEN ETWAS
BESONDERES,
DAS UNS NIEMAND,
AUCH NICHT ENTFERNUNG
UND ZEIT,
WEGNEHMEN KANN:

Wir haben einander.

ANDREAS JAWNEY

Eine Schwester ist ein Geschenk,
das dir deine Eltern mit
auf den Weg geben.
Eine Gefährtin, die dich
dein Leben lang begleitet,
wenn sie es nicht
mehr können.

DIE
AUGENBLICKE,
IN DENEN WIR
FÜREINANDER
DA SIND,
SIND WICHTIGER
ALS ALLES
ANDERE.

LEON ARZBERGER

Wofür
leben wir,
wenn nicht dafür,

DAS LEBEN FÜREINANDER

einfacher
zu gestalten?

GEORGE ELIOT

EINE SCHWESTER IST MEHR ALS FAMILIE.

SIE IST EINE EWIGE FREUNDIN.

Was Schwestern
von Brüdern und
auch von Freunden
unterscheidet,
ist ein sehr intimes
Ineinandergreifen von
Herz, Seele und den
mystischen Strängen
der Erinnerung.

CAROL SALINE

SCHWESTERN

sind

nie alleine,

sie tragen die andere

immer

in ihrem Herzen.

Besuchen Sie uns im Internet: www.groh.de

© 2021 Groh Verlag. Ein Imprint der Verlagsgruppe Droemer Knaur GmbH & Co. KG
Maria-Luiko-Straße 54, 80636 München

Alle Rechte vorbehalten. Das Werk darf – auch teilweise – nur mit Genehmigung des Verlags
wiedergegeben werden. Die Nutzung unserer Werke für Text- und Data-Mining im Sinne von
§ 44b UrhG behalten wir uns explizit vor.

Textnachweis: Wir danken allen Autoren/-innen bzw. deren Erben/-innen, die uns freundlicherweise
die Erlaubnis zum Abdruck von Texten gegeben haben, sowie Herrn Ernst Ferstl für seine Texte: Ernst
Ferstl, www.gedanken.at und Herrn Elmar Schenkel für seinen Text aus „Anruf aus der Kreidezeit", 2019.

Bildnachweis: S. 4: ArtistMiki/Shutterstock.com; S. 9: milo827/Shutterstock.com; S. 10: Maksim M/
Shutterstock.com; S. 13: Elena Bzz/Shutterstock.com; S. 15: Enola99d/Shutterstock.com; S.
16, 57: CosmoVector/Shutterstock.com; S. 18, 75: Ovchinnkov Vladimir/Shutterstock.com;
S. 18: Ansty/Shutterstock.com; S. 24: Oleh Svetiukha/Shutterstock.com, Fourleaflover/Shutter-
stock.com; s. 27: julia_janury/Shutterstock.com; S. 31, 43: WinWin artlab/Shutterstock.com; S. 34:
RIMM_Art/Shutterstock.com; S. 35: molotoka/Shutterstock.com; S. 37: Keep Calm and Vector/
Shutterstock.com; S. 42: Vitalijus Kartanas/Shutterstock.com; S. 46: Vera She/Shutterstock.com;
S. 48: Gethuk_Studio/Shutterstock.com; S. 49: Igor Shikov/Shutterstock.com; S. 53: Kevin E.
Varela/Shutterstock.com; S. 54: Miceking/Shutterstock.com; S. 59: Rael Pro Studio/Shutterstock.
com; S. 61: MAKSIM ANKUDA/Shutterstock.com; S. 63: LeoSwan/Shutterstock.com; S. 64:
Kolonko/Shutterstock.com; S. 67: Graphic_Design/Shutterstock.com; S. 69: Unicornspedia/
Shutterstock.com; S. 73: ONYXprj/Shutterstock.com; S. 77: graphic stocker/Shutterstock.com;
S. 79: sumkinn/Shutterstock.com; S. 81: Ice_AisberG/Shutterstock.com; S. 82: marysuperstudio/
Shutterstock.com; S. 85: mufurii/Shutterstock.com; S. 88: icon Stocker/Shutterstock.com,
simpleicon/Shutterstock.com; S. 91: jaymadison/Shutterstock.com; S. 95: Malenkka/Shutterstock.
com; S. 99: johavel/Shutterstock.com; S. 100: Yamurchik/Shutterstock.com; S. 102: Agnieszka
Karpinska/Shutterstock.com; S. 106: EkaterinaZemskova/Shutterstock.com; S. 110: Oleg7799/
Shutterstock.com. Muster: Nataliia Litovchenko/Shutterstock.com; Alena Shenbel/ Shutterstock.
com; xnova/Shutterstock.com; shumbrat/Shutterstock.com; NeMaria/Shutterstock.com; vec-
torplusb/iStock/Getty Images.com.

Layout und Satz: Sabine Schröder

Gesamtherstellung: AZ Druck und Datentechnik GmbH, Kempten

ISBN 978-3-8485-0065-9

Kontaktadresse nach EU-Produktsicherheitsverordnung:
produktsicherheit@droemer-knaur.de

10 9 8 7 6